PROCÈS-VERBAL

DES OBSÈQUES

DE

M. LE BARON GRENIER,

DRESSÉ

 PAR ORDRE DE LA COUR ROYALE

DE RIOM.

RIOM.
IMPRIMERIE DE SALLES FILS, PRÈS LE PALAIS.
—
1841.

PROCÈS-VERBAL

DES OBSÈQUES

DE

M. LE BARON GRENIER,

DRESSÉ

PAR ORDRE DE LA COUR ROYALE

DE RIOM.

Aujourd'hui, 2 février 1841, toutes les chambres de la Cour royale de Riom se sont réunies, sur la convocation de M. le Doyen des Présidents de chambre, dans la salle du Conseil, pour assister en corps aux obsèques de Monsieur le baron Grenier, Pair de France, Commandeur de l'Ordre royal de la

Légion d'honneur, Chevalier de l'Ordre de Saint-Michel, premier Président honoraire de ladite Cour. Ont été présents MM. Tailhand, Molin, Pagès, Chevaliers de la Légion d'honneur, Présidents de chambre ; Bassin ; Maignol, Chevalier de la Légion d'honneur ; Vernière-Philibée ; Grelliche ; Calemard du Genestoux ; Cathol du Deffan ; Domingon ; Gerzat ; Ducrozet ; Godemel, Chevalier de la Légion d'honneur ; Deval ; Chasteau-Dubreuil ; de Fréminville ; Daniel ; Mandosse ; Smith ; Bonnet (ces deux derniers magistrats Chevaliers de la Légion d'honneur) ; Bujon ; Verny (Alphonse), Lesca, Conseillers ; Verny père, Chevalier de la Légion d'honneur, Conseiller-honoraire ; Courbaire ; Pélissier de Féligonde, Conseillers-auditeurs ; De Boissieux, Chevalier de la Légion d'honneur, Procureur-général ; Jallon, Chevalier de la Légion d'honneur, premier Avocat-général ; Romeuf de la Valette, Bayle-Mouillard, Avocats-généraux ; Grellet-Dumazeau, Moulin, Substituts ; Garron, Greffier en chef ; Théallier, Dosmas, Banniard aîné, Lamouroux, Banniard jeune, Armand, Commis-greffiers.

La Cour, escortée par un détachement de la force armée, s'est rendue à l'hôtel du défunt, où se trouvaient réunies toutes les autorités judiciaires, civiles et militaires de la ville, M. le Sous-Préfet, le Tribunal de première instance, le Tribunal de commerce, MM. les Maire et Adjoints précédant le Conseil municipal, l'Ordre de MM. les Avocats, M. le Bâtonnier de MM. les Avocats de Clermont, la corporation de MM. les Avoués près la Cour, ainsi qu'un grand nombre de personnes parentes ou amies du défunt et de sa famille.

Le cortége s'est rendu à l'église de Saint-Amable. Les coins du poêle étaient portés par M. Molin, Président de chambre, à droite et du côté de la tête du défunt; M. Jallon, premier Avocat-Général, à gauche. MM. Verny, Conseiller honoraire, et Bassin, Doyen des Conseillers, occupaient les deux autres coins. Une messe solennelle a été célébrée en présence de Monseigneur l'évêque de Clermont, et l'on s'est ensuite dirigé vers le cimetière, où devait être déposé le corps de M. Grenier.

Le cercueil ayant été placé dans la fosse, et les cérémonies de la religion accomplies, Messieurs TAILHAND, Président de chambre,

De Boissieux, Procureur général, et De Vissac, Bâtonnier de l'Ordre des Avocats, ont successivement prononcé les discours suivants :

DISCOURS

DE M. TAILHAND, PRÉSIDENT DE CHAMBRE.

Messieurs,

C'est donc là, à cette tombe, que vient se terminer, pour l'individu, cette lutte incessante de l'esprit et de la matière. Et tandis que celle-ci, soumise à l'influence des éléments, se désorganise, l'autre, débarrassée de ses liens, obéissant à son origine céleste, s'élève au-dessus de nos têtes, et plane sur ce monde terrestre, dans une sphère où nos yeux ne peuvent plus l'apercevoir, mais où nos cœurs émus croient le sentir encore.

C'est sous les formes que lui prête notre imagination, que le souvenir se représente une image chérie; c'est cette image que je veux rappeler près de nous; c'est à cette ombre respectable, que je veux adresser quelques paroles de respect et de douloureux regrets.

Je ne vois autour de moi que des objets qui ne me parlent que du néant de l'homme. En cet asile, le niveau inexorablement égalisateur de la mort confond les âges, les sexes, les fortunes et les vaines distinctions : tout a disparu. Que de pensées graves nous assiègent, que de sentiments douloureux nous oppressent! Ne cédons pas trop à leur puissance; rejetons-nous dans la vie, voyons ce que fut celui que nous pleurons, et s'il est digne de tous nos regrets !

Un homme sorti d'une famille honnête, mais encore

sans illustration, est parvenu aux premières dignités de l'Etat le plus civilisé de l'Europe.

Par la continuité et la ténacité de ses efforts, de ses travaux intellectuels, il a pris place parmi les grands jurisconsultes d'une époque où leur science se résumait en lois.

Administrateur, il fut applicateur habile, sage et modéré d'une législation naissante.

Auteur, il fut clair, méthodique, sûr et profond.

Magistrat (ne restera-t-il pas pour modèle?), juste, impartial, sa longue expérience était un flambeau qui éclairait toutes les profondeurs du Droit. Il indiquait d'une manière précise et sûre ce que les droits intermédiaire et nouveau devaient encore emprunter aux droits coutumier et ancien.

Ses rapports avec ses collègues étaient pleins de simplicité, de bienveillance et d'affection.

Son savoir était immense et varié; il connaissait et aimait à rappeler les pensées et la belle langue de l'ancienne littérature; par son amour des lettres, il appartenait à l'Académie de Clermont, qui le comptait avec bonheur et fierté parmi ses membres.

Appelé aux Conseil législatif et Tribunat, il s'y fit remarquer par le calme et la modération de ses idées, la sagesse de ses opinions, la science de ses discussions; aussi fut-il attaché aux sections de législation, qui préparèrent ce Code immortel qui finira par devenir celui de tous les peuples policés.

Tel fut M. le baron Jean GRENIER.

Né à Brioude, le 16 septembre 1753, il vint se fixer au Barreau de Riom, en 1776; ce Barreau était alors une grande école; des Avocats exercés et savants s'y faisaient remarquer. M. Grenier devint bientôt leur émule et partagea leurs succès.

En 1785, il fit paraître son commentaire sur l'édit des hypothèques de 1771. La matière était neuve et difficile; M. Grenier la traita avec cette supériorité qui annonçait l'auteur des Traités des Hypothèques et des Donations.

Les grandes révolutions politiques ont une action qui, en général, fixe peu l'attention; elles créent et s'emparent de tous les hommes éminents dans toutes les parties; elles mettent à contribution le génie, la science, l'expérience, le courage, l'intrépidité de tous; elles en forment une génération d'hommes forts, que nous avons vu briller, et que nous voyons disparaître.

Un homme aussi éclairé que M. Grenier ne pouvait rester oublié, et être délaissé, inoccupé. De 91 à 95, il appartint à l'Administration; à la fin de 1795, il devint Commissaire du Tribunal civil; Procureur général, le 11 décembre 1808; Premier Président, en 1819.

Depuis 1776, M. Grenier est devenu habitant de Riom; il s'y est marié; une seule fille lui est restée: elle s'est unie à l'un de nos collègues, M. De Combes. C'est entre les bras des époux De Combes et de leur famille, que M. Grenier a cessé de vivre; que de soins, d'attentions, de veilles ne lui ont-ils pas prodigués !

Messieurs, j'ai, comme magistrat et comme citoyen de Riom, un devoir à remplir, une dette sacrée à acquitter. C'est à la puissante action de M. Grenier, alors Tribun, et au concours de plusieurs personnes parmi lesquelles je dois placer en première ligne cet orateur célèbre de notre Barreau, que nous avons perdu Président honoraire de la Cour, sur la tombe duquel la piété filiale d'un de nos collègues plaça cette urne funéraire que je ne puis voir sans un sentiment profond de regrets, que la ville de Riom doit la conservation de ses établissements judiciaires et le placement, dans ses murs, de la Cour d'appel. Grâces leur en soient rendues, et qu'un témoignage de la reconnaissance publique leur soit offert !

Les honneurs étaient venus s'amonceler sur la tête de M. Grenier. Commandeur de la Légion-d'Honneur, Chevalier de l'Ordre de Saint-Michel, premier Président de la Cour de Riom, Baron, Pair de France, ces honneurs étaient venus se grouper sur la personne du grand magistrat qui, sans les solliciter, sut les mériter et les justifier. Il était pour notre pays une grande illustration ; elle s'est éteinte en laissant une traînée brillante de gloire qui fixera long-temps les regards.

Nous respections et aimions M. Grenier ; la postérité continuera de le respecter ; son nom sera une autorité en Droit ; et sa mémoire sera chère à tous les amis des Sciences, de la Justice et de la Patrie.

Adieu, ombre respectable et chérie ; reçois le dernier hommage de nos éternels regrets !

DISCOURS

DE M. DE BOISSIEUX, PROCUREUR GÉNÉRAL.

Messieurs,

M. Grenier n'est plus : la mort se presse de frapper dans nos rangs (1). M. Grenier n'est plus! Voilà un nom glorieux qu'il faut inscrire encore dans les annales de Riom.

Ce flambeau qui a brillé si long-temps, en jetant son éclat sur notre Compagnie, s'est éclipsé d'abord, puis s'est éteint !.. Néant des choses humaines, sévère leçon, qui nous montre combien est peu de chose cette intelligence dont nous sommes si fiers !

M. Grenier n'est plus !.... Laissons les larmes à sa famille éplorée, à sa fille, modèle de toutes les vertus, compagne de ses jours heureux, associée plus tard, par une admirable consécration, à toutes les infirmités de sa vieillesse ; à ce digne magistrat (2) qu'il avait nommé son fils, et qui a si bien prouvé pendant de longues années qu'il était digne de ce titre.... Pour nous, Messieurs, renfermons dans nos cœurs notre tristesse et nos souvenirs (3) ; et, l'œil fixé sur cette vie si pleine, demandons lui des exemples que nous puissions imiter !

M. le baron Grenier, Pair de France, premier Président honoraire de la Cour de Riom, Commandeur de la Légion-d'Honneur, Chevalier de l'ordre de Saint-

---

(1) La Cour vient de perdre M. le Conseiller Touttée.
(2) M. le Conseiller De Combes.
(3) Lamenta ac lacrymas citò, dolorem et tristitiam tardè ponunt. (Tacit. *De moribus Germanorum.*)

Michel, est né à Brioude, le 16 septembre 1753. Son père était notaire, et bailli de Langheac. Il trouva dans sa famille le germe de ces belles qualités qui se développèrent en lui, et de cet amour du travail, qui a été l'un des caractères distinctifs de sa longue carrière.

Avocat en 1777, il marque sa place au Barreau de Riom (qui comptait alors des noms que le temps n'a pas fait oublier) par la précocité de son jugement et l'étendue de son érudition.

Bientôt après, un mariage avantageux fixait dans notre ville, dont il devait être une des illustrations, le jeune jurisconsulte, qui dès-lors partagea sa vie entre l'accomplissement de ses devoirs publics et l'exercice de toutes les vertus domestiques.

En 1785, il préludait à la publication de son grand ouvrage sur les Hypothèques, par son commentaire de l'édit de 1771, et facilitait déjà l'étude d'une matière ardue qui fera encore long-temps l'objet des méditations du jurisconsulte, et des pensées de réforme du législateur.

Cependant la fermentation des esprits annonçait notre grande transformation sociale. 1789 trouva M. Grenier au premier rang des avocats de Riom. Son jugement était trop droit et son cœur trop généreux pour ne pas être frappé des abus qui existaient alors, et ne pas en désirer la réparation. Il s'associa à tout ce qu'il y avait de noble dans le mouvement révolutionnaire; mais ses lumières et la modération de ses sentiments le tenant éloigné de tout parti extrême, il fut bientôt dépassé. La modération devint un crime, et M. Grenier fut révoqué, comme suspect, des fonctions de Procureur syndic du district de Riom, qui lui avaient été conférées en 1790. Il s'en consola en prêtant le secours de sa parole à tous les opprimés; et un émigré, M. Bosredon de Vatanges, dont il prit la défense, lui dut alors la vie. Ce triomphe aurait pu lui coûter cher! Mais il traversa ces temps d'orages, absorbé par l'étude, enveloppé dans la pureté de ses intentions, ne songeant pas à fuir, et ne soupçonnant pas même les dangers qu'il pouvait courir.

Nommé, en 1795, Commissaire national, pui Commissaire du Pouvoir exécutif près le Tribunal de Riom, il fut, en 1798, appelé par l'élection de ses concitoyens au Conseil des 500. A peine faisait-il partie de cette assemblée, qu'elle fut brisée au 18 brumaire.

Successivement membre du Tribunat et du Corps législatif, vous savez, Messieurs, quel précieux tribut il paya à la confection des lois qu'il devait appliquer plus tard avec tant d'autorité. C'est dans le cours de ces importantes fonctions, que M. Grenier composa son Traité de l'Adoption, et celui des Donations et Testaments, son premier titre à la réputation d'auteur. Mais ce n'est point ici le lieu d'apprécier ses ouvrages.

L'Empire était arrivé avec ses gloires de tous genres. Le chef de l'Etat, dont le regard d'aigle perçait la foule pour y découvrir le vrai mérite, se plut à combler M. Grenier de marques de distinction. On ne sait où aurait pu s'arrêter la faveur dont il était l'objet; mais le souvenir de sa seconde patrie était toujours présent à son cœur; il revint à Riom. Heureux ceux qui conservent l'amour de leur pays, et gardent à la province ses richesses intellectuelles dont Paris tend sans cesse à la déshériter!

Procureur général près le Tribunal d'appel; installé en la même qualité près la Cour impériale, à cette brillante époque de 1810, où la France dominait le monde, M. Grenier fut respecté par les pouvoirs qui se succédèrent depuis. Nommé premier Président en 1819, il fut, en 1832, promu, presque malgré lui, à la Pairie. Ainsi, dans ce siècle d'ambition ardente et quêteuse, les honneurs vinrent toujours chercher celui qui sut les attendre; mais les fonctions judiciaires furent l'objet de sa préférence constante. Plus heureux que nous, vous avez pu voir, jusqu'en 1837, comment il savait allier la dignité et la science du magistrat, avec la simplicité des mœurs, et la naïveté antique du langage. Au commencement de cette année 1837, après 62 ans de continuels travaux, il marqua lui-même, d'une main ferme, le terme de sa carrière publique. Le reste de cette belle vie appartient à l'intimité de la famille. Enfin, le 30 janvier, après de longues souffrances, supportées sans murmures, son âme est remontée dans le sein de Dieu !

Toi qui, du haut de ta céleste demeure, contemple cette grande compagnie qui te fut si chère; ces Magistrats de tous rangs; ce Barreau, ces amis, penchés tristement sur ton cercueil, reçois nos derniers adieux, et donne nous en échange un peu de cette bonté de cœur, de cet amour du travail, de ce besoin de la justice, de ce zèle ardent du devoir, qui a fait l'honneur de toute ta vie, et dont la mémoire sera éternelle parmi nous !

DISCOURS

DE M. DE VISSAC, BATONNIER DE L'ORDRE DES AVOCATS.

Messieurs,

Que cette tombe ne se ferme pas sans que le Barreau y dépose une fleur. Elle va couvrir la cendre d'un homme vénérable ; son âme, toute chrétienne, s'est envolée vers de plus hautes destinées. Il fut l'honneur de la Magistrature, il fut aussi l'honneur du Barreau, qui le revendique avec orgueil comme une de ses gloires. C'est dans l'exercice de cette noble profession, qu'il porta d'abord une science profonde, une doctrine pure et l'intégrité de sa vie. Lorsqu'il fut séparé de nous et appelé à ces hautes fonctions de la Magistrature, qu'il a si dignement remplies, il se plaisait à nous rappeler ces antiques traditions d'honneur et de désintéressement, auxquelles il avait été constamment fidèle, et qu'à notre tour, je l'espère, nous transmettrons intactes à nos successeurs. Nous n'étions plus ses confrères, mais il voulait que nous fussions ses amis ; et, sans déroger à la dignité du Magistrat, il nous le témoignait sans cesse avec cette bienveillante aménité qui lui était naturelle ; aussi nos regrets, notre affection, notre respect, le suivent-ils dans le tombeau. Jeunes gens, qui assistez à cette sainte cérémonie, venez méditer quelquefois sur cette cendre ; elle vous dira que l'amour du travail ne connaît pas d'obstacles, mais que sans l'étude et un travail persévérant, il n'est point d'avenir pour les hommes de votre profession. Tenons les yeux fixés sur ce pieux modèle, et efforçons-nous, en l'imitant, de perpétuer le souvenir de ses vertus publiques et privées !

La Cour est rentrée au Palais de justice, et s'est de nouveau réunie dans la chambre du Conseil. Elle a décidé, spontanément, et à l'unanimité,

1° Que la Cour entière se rendra immédiatement en habit de ville, auprès de la famille de Monsieur Grenier, et que M. Tailhand, Président de chambre, en l'absence de M. le premier Président, Député, et de Monsieur le Doyen des Présidents, retenu chez lui pour cause de maladie, fera au nom de la Cour les compliments de condoléance et la demande du portrait de Monsieur Grenier;

2° Qu'une copie de ce portrait sera faite aux frais de la Cour, et placée dans la chambre du Conseil;

3° Que les discours prononcés sur la tombe de Monsieur Grenier seront imprimés aux frais de la Cour, ainsi que le procès-verbal de la cérémonie.

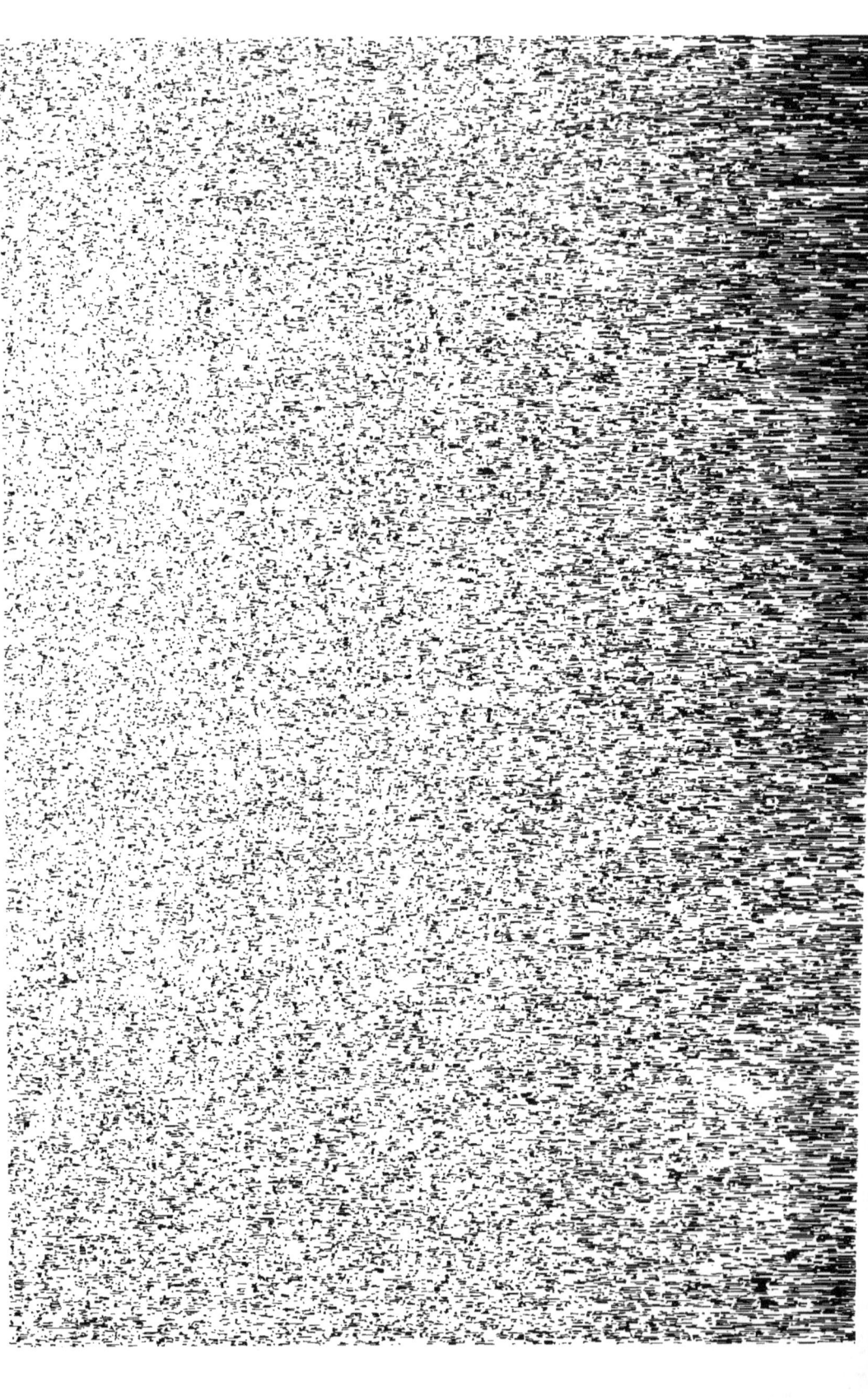

www.ingramcontent.com/pod-product-compliance
Lightning Source LLC
Chambersburg PA
CBHW060450050426
42451CB00014B/3249